AF494586

LE GUIDE

DU CONSOMMATEUR

DE CHOCOLAT ET DE THÉ,

Suivi de Conseils

POUR PRÉPARER DU **CAFÉ PARFAIT**,

PAR **PERRON**, FABRICANT.

Utile dulci.

PARIS,
CHEZ L'AUTEUR, 14, RUE VIVIENNE,
ET CHEZ LES DÉPOSITAIRES DE TOUTES LES VILLES.

1844.

LE GUIDE

DU CONSOMMATEUR DE CHOCOLAT ET DE THÉ,

SUIVI

De Conseils pour préparer du Café parfait,

PAR **PERRON**, FABRICANT.

En venant offrir au public le résultat d'expériences consciencieuses et réitérées, nous nous présentons avec le sentiment que nous donne la droiture de nos intentions, l'utilité du but que nous nous sommes proposé, et la conviction de l'avoir atteint : aussi serons-nous sobres de cette érudition d'emprunt dont le charlatanisme de tous les étages décore ses nombreuses productions. La vérité n'a nullement besoin des ressources du style pour être comprise, et nous serons aussi précis qu'intelligibles dans l'exposition de nos procédés pour améliorer la fabrication d'une substance alimentaire devenue de première nécessité. On nous croira, parce que nos efforts ont eu pour but d'obtenir des produits plus parfaits et beaucoup moins coûteux ; car nous savons qu'en économie domestique il n'y a pas de véritable perfectionnement, pas de progrès, sans la diminution des prix.

Nous ne prétendons point faire un cours d'histoire naturelle à propos du chocolat ; nous ne dirons du végétal qui en fait la base que ce qui sera strictement nécessaire pour arriver naturellement à ses propriétés et à son usage. Nous n'écrivons pas cette notice pour fournir des lumières au planteur ou au commerçant, qui n'ont nullement besoin des nôtres, mais pour le public consommateur, qu'on ne peut espérer de captiver qu'en lui présentant des résultats positifs.

DU CACAO.

CHAPITRE PREMIER. — DESCRIPTION DU CACAOYER.

Du Cacaoyer.

Tout le monde sait que l'arbre qui porte l'amande appelée *cacao* est originaire de l'Amérique centrale, où il croît et prospère de préférence à tous les autres climats. On a assigné pour bornes à la culture de cet arbre précieux la zône torride, et l'on a été jusqu'à dire qu'on ne peut plus le cultiver au-delà du 22e degré de latitude nord et sud, comme si en dehors de cette ligne de démarcation il ne se rencontrait plus de climat ni de situation propres au développement du cacaoyer. Heureusement il n'en est pas ainsi, et l'on a pu acclimater cet arbre, non-seulement dans d'autres latitudes élevées de l'Amérique et des Indes, mais encore en Europe et même en France (1).

Des naturalistes ont trouvé que le cacaoyer ressemblait beaucoup à *un de nos grands cerisiers* avec la feuille du noyer. Il eût été plus exact de dire que le cacaoyer a une analogie frappante avec le citronnier, que l'on cultive depuis le Var jusqu'au golfe de la Spezzia.

Comme le citronnier, dont il a généralement la taille, le cacaoyer est recouvert d'une écorce tirant sur le jaune ; comme le citronnier, ses rameaux nombreux sont garnis d'un épais feuillage dont la forme est lancéolée ; les feuilles de ces deux arbres ont de la ressemblance, non-seulement quand elles sont arrivées à leur entier développement, mais encore dans toutes les phases de leur croissance : sortant des bourgeons avec une couleur rose purpurine, elles se nuancent ensuite d'un vert pâle pour arriver au vert foncé qui est leur couleur normale ; la seule différence qui existe entre les feuilles de ces deux arbres également précieux, c'est que celles du cacaoyer atteignent souvent une longueur de 15 à 20 pouces, tandis que celles du citronnier n'arrivent au plus qu'à 8 ou 10 ; ce qui est encore en rapport avec la belle végétation de la zône torride.

Il y a encore des ressemblances entre les fleurs du citronnier et celles du cacaoyer, en ce qu'elles ont à peu près la même forme et les mêmes nuances.

De même qu'on voit le citronnier des côtes de la Méditerranée fleurir toutes les saisons, et par conséquent porter à la fois des fleurs et des fruits de toutes les grosseurs jusqu'aux dernières limites de leur développement, on trouve toujours sur le cacaoyer et des boutons, et des fleurs, et des fruits de toutes les dimensions ; ce qui prouve que cet arbre fleurit aussi toutes les saisons.

Quant au fruit du cacaoyer, il a encore bien de la ressemblance avec le gros citron, ou plutôt avec les cédrats ; l'extérieur a la même analogie : il contient également une pulpe acide et des graines amères plus ou moins nombreuses.

(1) Il y a trente ans, on voyait encore dans un jardin de la principauté de Monaco, faisant alors partie du département français des Alpes-Maritimes, un vieux cacaoyer, produit probablement par quelqu'amande perdue sur ce terrain, et qui était parvenu sans aucun soin à une hauteur presqu'égale à celle des citronniers qu'on cultive avec tant de soins dans cet heureux climat. Nul doute que des plantations ne puissent y réussir.

Mais l'enveloppe de cette pulpe est bien différente quant à sa contexture : chez le cacaoyer, cette enveloppe, qui porte le nom de *cabosse*, se durcit tellement dès que le fruit arrive à l'état de maturité, qu'il faut la briser comme celle de la noix pour en tirer la pulpe, la graine ou cacao. Cette cabosse, d'un vert très-fin dans sa première croissance, pâlit et finit par prendre une teinte jaune prononcée, parfois mélangée de rouge, quand elle est arrivée au point où on la cueille ; à cette époque, l'enveloppe ou la cosse du fruit du cacaoyer est très-dure, rugueuse, sillonnée dans toute sa longueur de traces profondes qui la divisent en autant de compartiments ou côtes pareilles à celles des melons, et dont quelques-unes s'entr'ouvrent parfois et laissent échapper leurs grains. Dans le pays où la végétation du cacoyer est très active, la cabosse acquiert quelquefois jusqu'à 12 pouces de longueur sur 4 à 5 pouces de diamètre, mais généralement elle ne dépasse pas 6 à 7 pouces.

De la graine du Cacaoyer ou du Cacao.

En brisant le fruit du Cacaoyer, on trouve, sous la dure enveloppe que nous venons de décrire et dont l'épaisseur varie de 4 à 5 lignes, une pulpe rosée, gélatineuse et d'un goût aigrelet ; la cabosse en est presque toute remplie. Cette pulpe se fond par la succion, et fournit un rafraîchissement précieux pour les habitants du climat brûlant de la zône torride. En mêlant du sucre au jus exprimé de cette pulpe acide, on fait une boisson délicieuse dont les dames du nouveau monde sont très-friandes. C'est une espèce de limonade.

Au milieu de cette pulpe, divisée elle-même en cinq compartiments, se trouvent, dans la circonférence de la cabosse, cinq rangées de graines de la forme d'une petite amande chacune, irrégulièrement contournées. Chacune de ces cinq rangées contient un nombre plus ou moins grand de ces graines, toutes superposées les unes sur les autres dans la longueur du fruit : le nombre varie depuis cinquante jusqu'à dix graines ; il y a même des cabosses qui n'en renferment que cinq.

Ces grandes différences dans la production de diverses espèces de cacaoyers, et même parmi les cabosses provenant du même arbre, trouvent leur explication simple et naturelle dans le sol, le climat, les circonstances d'aridité ou d'humidité et d'intempéries auxquelles les plantations sont soumises, autant qu'à la plus ou moins grande quantité de sève que chaque branche a pu fournir à ses fruits ; de là résulte la plus ou moins bonne qualité des récoltes d'une même plantation.

Figurons-nous ensuite qu'il y a en Amérique et aux Antilles autant de qualités de cacao qu'il y a de plantations ; que chaque nature de terrain donne des produits différents encore entre eux par la culture, par l'exposition, et par mille circonstances accidentelles, au point qu'on peut dire qu'il y a réellement autant de qualités de cacao dans les divers pays de production, que nous avons en Europe de qualités de vins. Il serait donc aussi difficile que fastidieux de chercher à faire connaître toutes ces innombrables variétés ; il nous suffira de dire que le commerce les connaît d'abord par les lieux de provenances, et il dit : cacao de *Guatimala*, de *Colombie*, du *Brésil*, des *Antilles*, auxquels il ajoute les espèces provenant des îles d'Afrique.

Nous dirons seulement que le vrai cacao de Soconusco, que l'on regarde assez généralement comme le meilleur, est extrêmement rare non-seulement en Europe, mais même dans les lieux de production : nous ajouterons, sans crainte d'être démentis par les fabricants consciencieux, qu'il en entre très-peu ou pas dans la fabrication du chocolat en France.

Au reste, les fabricants n'ont pas à déplorer la disette de Soconusco ; ils le remplacent avec avantage par celui de *Caraccas* (1), dont l'importation est aussi immense que la consommation.

Le cacao de cette contrée a toutes les qualités et les formes qui caractérisent celui de Soconusco : comme celui-ci, les grains en sont généralement bien mûrs, et c'est là une des premières conditions qui font les bonnes qualités : les amandes du caraque sont aussi bien nourries que celles du Soconusco, bien gonflées ; seulement elles sont un peu plus petites et leur forme ovale régulière est quelquefois pointue. On reconnaît le bon caraque à sa pellicule un peu épaisse, souvent couverte d'une terre adhérente micacée provenant du terrage qu'il a subi. Quand on casse les fèves, elles développent un parfum agréable. La couleur de la pâte qu'elles donnent est comme celle du Soconusco, d'un beau brun très-clair ; la saveur en est exquise, l'arome délicieux et même de beaucoup supérieur à celui du Soconusco. Cette première qualité de caraque nous arrive des pays compris entre Coro et Cumana.

La vaste contrée connue aujourd'hui sous le nom de *Colombie* nous fournit encore plusieurs autres qualités de cacao, soit de Maracaïbo, soit d'Ocana, soit d'autres parties de cet immense continent ; mais ces qualités sont généralement moins estimées.

Dans la seconde espèce de cacao que nous employons se trouve celui de Maragnon (Brésil), dont les grains, quand ils sont bien mûrs, sont d'une forme assez ordinairement ronde vers le germe, un peu plate et assez large ; la pellicule de ce cacao est grise ou rougeâtre et un peu adhérente. Sa chair est assez belle et la pâte qu'elle produit est d'une saveur douce, qualité généralement commune au cacao du Brésil et du Mexique. Le Maragnon est très léger et par conséquent facile à digérer.

Telles sont les seules espèces de cacao qu'il nous paraît nécessaire de faire connaître. Nous pensons qu'aux yeux du consommateur, tout doit se résumer en deux qualités spéciales. Le cacao de Caraccas, pour sa légèreté, la finesse de son arome, et pour son goût exquis

(1) En français, Caraque.

et délicieux. Celui de Maragnon (Brésil), pour la douceur et la légèreté qui le distinguent des autres sortes. Le reste ne produit relativement que des qualités inférieures.

Tous les cacaos contiennent diverses parties que la chimie a reconnues. Chaque amande se compose d'amidon, de gomme et d'une partie huileuse, appelée *beurre de cacao*. Mais si cette partie butyreuse appartient à toutes les espèces d'amandes, elle est loin de se trouver en même quantité dans toutes les sortes. Par exemple, le fin caraque en est beaucoup moins pourvu que les diverses autres espèces; il en de même du Maragnon relativement aux cacaos des Antilles. Les autres qualités contiennent encore une espèce de tannin, auquel on attribue le goût désagréable et la propriété astringente que l'on reconnaît à tous les chocolats ordinaires.

Usage du Chocolat tant chez les peuples de l'Amérique que chez ceux de l'Europe.

Quand les Espagnols se rendirent maîtres de l'empire du faible Montézuma, l'usage des boissons ou des aliments tirés de l'amande du cacaoyer, infusée, broyée, mixtionnée de diverses manières, existait au Mexique de temps immémorial. Cet aliment portait déjà le nom *Chocolatte*, que le peuple lui avait donné au moyen d'un mot composé du bruit que faisait cet aliment quand il moussait, exprimé en langue du pays par le mot de *choco* (bruit) et de l'eau (*latte*) qui entrait dans cette préparation.

Quoiqu'il en soit de cette étymologie, toujours est-il vrai que le chocolat des peuples du Nouveau-Monde différait beaucoup de celui dont il se fait un grand usage en Europe. D'après les Encyclopédistes, les Indiens préparaient cet aliment d'une manière fort simple: ils rôtissaient le cacao dans des pots de terre, le mondaient, le broyaient entre deux pierres, le délayaient ensuite dans l'eau chaude et l'assaisonnaient avec le piment. Ceux qui y faisaient un peu plus de façon, ajoutent ces mêmes Encyclopédistes, y ajoutaient *l'achiotte* ou le *rocou* pour lui donner de la couleur, et l'*atolle* pour en augmenter le volume. Tout cela joint ensemble donnait à cette composition un air si rebutant et un goût si sauvage, que même les soldats de Fernand Cortez la repoussèrent long-temps. Réduits à boire de l'eau, et n'ayant aucune boisson qui pût les réconforter dans ces climats ardents, ils finirent cependant par se convaincre que cette boisson rustique était un aliment salutaire: aussi s'étudièrent-ils à en corriger les désagréments par l'addition du sucre, de quelques aromates de l'Orient et de plusieurs drogues dont il ne reste que le nom, la vanille et la canelle seules étant parvenues jusqu'à nous. En corrigeant ainsi l'amertume du cacao, les Européens arrivèrent à apprécier sa qualité stomachique et à priser son arome. Les dominateurs des Mexicains s'adonnèrent bientôt au chocolat, et le goût s'en répandit promptement dans toutes les contrées de l'Amérique soumises à la cour de Madrid. Au bout de quelques années, cette seule préparation faisait consommer dans le Nouveau-Monde 12 millions pesant de sucre, ce qui indiquait que la consommation du cacao par les seuls Européens s'élevait au moins à une égale quantité. On prenait du chocolat le matin, avant la *siesta*, même le soir: des *chocolaterias* s'établirent partout et en aussi grand nombre que nos cafés; des femmes vendaient aussi, dans des échoppes placées au milieu des marchés et dans des lieux de réunion, du chocolat de toutes qualités, aromatisé de cent manières. Il y avait donc des *chocolaterias* pour les riches comme pour les pauvres; car toutes les classes d'habitants de ces vastes contrées en faisaient leur principale nourriture, et l'aimaient par-dessus tous les autres aliments.

Les femmes, surtout les créoles, se distinguaient par leur passion pour le chocolat, et il est à remarquer que ce furent les religieuses, les nonnes, qui travaillèrent avec le plus de succès au perfectionnement de cette préparation.

Cependant les conquérants de l'Amérique se montrèrent aussi égoïstes dans la découverte du cacao que dans la possession du Nouveau-Monde. Sans songer aux avantages qu'ils auraient pu tirer de l'adoption de cet aliment par les Européens, ils ne pensèrent qu'à eux. Ils craignaient sans doute que l'usage du chocolat dans l'ancien continent n'épuisât les sources de leur jouissance; car ils étaient loin de réfléchir que plus la consommation en serait grande, plus la culture du cacaoyer s'étendrait et fournirait de richesses inépuisables aux planteurs. Au lieu donc de chercher à donner un grand développement à cette culture, et par conséquent au commerce du pays, ils se montrèrent aussi stupides qu'avares, et furent même jusqu'à défendre toute exportation du fruit du cacaoyer, qui n'arriva d'abord aux Antilles, en Espagne même, que par contrebande.

Ce ne fut donc que quarante ans après la conquête du Mexique (1520) que l'usage du chocolat, modifié suivant les goûts et les lieux, se propagea hors du continent de l'Amérique. La Jamaïque, Saint-Domingue, l'île de Cuba et les autres Antilles furent les premiers pays où cet usage prit racine, et ce fut avec autant de passion qu'au Mexiqne même. Suivant l'abbé Grégoire, il fut importé en 1660 à la Martinique, par le juif Benjamin d'Acosta.

Des Antilles, le fruit du cacaoyer se répandit sans obstacles dans toutes les parties de l'Europe. D'abord en Espagne, où il ne tarda pas à devenir l'objet d'un immense besoin; puis en Italie, où il fut aussitôt classé parmi les aliments de première nécessité; et enfin il prit ses lettres de naturalisation en France (1).

Les peuples d'Espagne et d'Italie adoptèrent ce nouvel aliment avec toute l'ardeur de leur caractère (2). Le perfectionnement du

(1) Suivant l'abbé Grégoire, le cacao fut importé en France pour la première fois en 1661.

(2) On fait honneur à un Italien du nom d'Antonio Car-

chocolat, la bonification et le choix des aromates qui concouraient à le parfumer, ou des drogues qui modifiaient l'amertume native du cacao, furent dans ces contrées l'objet d'un grand nombre de dissertations, et de graves auteurs ne craignirent pas de ravaler leur plume en traitant *ex professo* de cette amande, qu'ils regardaient à juste titre comme un des dons les plus précieux de la bienfaisante nature (1).

En France, l'usage du chocolat s'introduisit plus lentement, et fut même assez longtemps a se naturaliser. Vigneul de Marville nous apprend que le cardinal de Lyon, Alphonse de Richelieu, fut le premier qui usa de cette drogue : « J'ai ouï dire à l'un de ses domestiques, rapporte-t-il, que le cardinal s'en servait pour modérer les vapeurs de sa rate, et qu'il tenait ce secret de quelques religieux espagnols. » D'autres auteurs assurent que le chocolat fut introduit en France par des cadeaux que des moines espagnols firent à des moines français. Ce qu'il y a de positif, c'est que ce furent les nobles et les riches qui commencèrent à en prendre, attendu que les droits sur le cacao ne permettaient pas de mettre cet aliment à la portée de toutes les bourses, comme cela est arrivé de nos jours.

Quoiqu'il en soit de cette introduction, nous devons constater qu'un grand nombre de voyageurs, de naturalistes, de savants et de médecins français nous ont donné, soit des descriptions du cacaoyer et de sa fève, soit des traités sur la culture de cet arbre précieux, soit d'utiles renseignements sur la fabrication du chocolat, soit enfin de consciencieuses dissertations sur ses propriétés (2).

Nous nous bornerons à rappeler succinctement ce qui a été dit par les hommes compétents sur les diverses propriétés reconnues au fruit du cacaoyer et aux différentes espèces de chocolats que les fabricants ont jusqu'à ce jour livrées au public, et nous arriverons ainsi à l'objet qui nous occupe, le mode de fabrication que nous avons adopté pour obtenir des produits meilleurs et moins chers.

letti de l'introduction du chocolat en Italie. Il l'y apporta d'Espagne, où il avait séjourné auprès d'Anne d'Autriche, fille de Philippe II.

(1) Premier Traité sur le chocolat, par le cardinal Bracancio. Un Traité sur la fabrication par Vincenzzo Carado, et un autre du docteur Félicie. Le chocolat fut encore l'objet d'une grande dispute théologique entre les casuistes, tant italiens qu'espagnols, dont les uns prétendaient que cet aliment rompait le jeûne commandé par l'Eglise catholique, tandis que les autres soutenaient le contraire. Les docteurs décidèrent que, pris au lait, il rompait effectivement le jeûne, mais qu'en le prenant à l'eau, on n'enfreignait nullement ses commandements. Les scrupules religieux furent ainsi levés sans priver les fidèles d'une nourriture aussi propre à flatter leur palais qu'à sustenter leur estomac.

(2) Au premier rang des naturalistes, des savants ou des voyageurs qui nous ont appris à connaître le cacaoyer et ses produits, nous devons placer *Linnée*, *Raynal*, le père *Labat*, *Humbold*, *Bomplan*; parmi les botanistes ou médecins qui ont traité des propriétés du chocolat, nous nous bornerons à citer *Richard*, *Maucy*, *Valmont de Bomare*, *Parmentier*, *Cadet de Gassicourt*, *Chevalier*, *Alibert*, etc. : enfin, nous possédons d'excellents articles sur le chocolat ou sa fabrication, soit dans l'ancienne Encyclopédie, soit dans celle dite moderne, de M. *Courtin*, soit dans le Dictionnaire des Sciences naturelles, *article de Macquart*, soit enfin dans celui des Sciences médicales, *article de M. Cadet de Gassicourt*.

Des différentes propriétés du chocolat, et de son usage en France.

Nous ne parlerons pas ici des propriétés négatives ou même dangereuses des mauvais chocolats, les bonnes qualités sont seules bienfaisantes; aussi, nous nous bornerons à certifier que, si quelques médecins ont reconnu à certains chocolats le défaut d'être lourds à digérer ou échauffants (1), c'est parce qu'ils avaient été fabriqués avec des espèces de cacao trop butyreuses, ou parce que l'on avait gâté les propriétés bienfaisantes de cet aliment par des mélanges de farineux, de drogues ou d'aromates, plus propres à flatter le goût des palais blasés, qu'à satisfaire les besoins de l'estomac, ou enfin, parce qu'on n'avait pas apporté dans la fabrication les connaissances et les soins sans lesquels on court le risque d'enlever au cacao toutes les propriétés salutaires qui en font un aliment exquis et substantiel.

Après les pernicieuses expériences du girofle, du piment, etc., on s'est rejeté sur la canelle et la vanille, dont on aromatisait fortement les bons comme les mauvais chocolats; on ne fabriquait plus que du chocolat à la demi-vanille, à une vanille, à deux, à trois vanilles. « Mais, nous disent les Encyclopédistes, une longue expérience ayant appris qu'elle échauffait considérablement, l'usage en est devenu moins fréquent, et toutes les personnes qui préfèrent le soin de leur santé au plaisir de leur sens s'en abstiennent maintenant. » Il ne faut pas oublier, qu'outre l'inconvénient grave d'irriter, l'addition d'aromates aussi puissants que la vanille et la cannelle avait encore un autre résultat désastreux pour le bon chocolat, celui de lui enlever l'arome exquis, le parfum délicieux des bons cacaos qui ne sauraient être remplacés.

D'autres fabricants gâtent toutes les bonnes et agréables qualités du cacao en le faisant rôtir, sans se douter que par cette inepte opération, non-seulement on lui enlève son arome et son parfum, mais encore qu'au lieu d'un aliment pectoral et substantiel, il ne produit plus qu'une matière amère ou âcre, fortement astringente et dépourvue de toutes ses qualités salutaires.

Enfin, des spéculateurs sans conscience osent donner le nom de chocolat à une préparation dans laquelle ils substituent des germes et autres résidus torréfiés, de la fécule, à la pâte du cacao, et des matières grasses animales ou végétales, à la partie butyreuse de cette fève. C'est, comme on le voit, ne conserver que le nom de l'aliment qui fait les délices d'une grande partie du globe.

Il ne faut donc plus s'étonner si les propriétés bienfaisantes du chocolat ont été quelquefois méconnues; cela devait être, puisqu'on ne s'étudiait qu'à altérer l'essence du cacao, soit par ces additions détestables, soit par les mau-

(1) C'est encore là le principal défaut des chocolats qui nous arrivent des Pyrénées, d'Espagne et d'Italie : ils irritent considérablement l'estomac par les aromates qu'ils contiennent.

vais procédés employés dans la fabrication elle-même.

Grâce aux avis de la science médicale, à l'expérience des consommateurs, aux essais multipliés de nouveaux fabricants et au désir de rendre le chocolat à sa pureté native, on abandonne aujourd'hui les fausses routes où la fabrication se fourvoyait.

Dépouillé de toutes ses altérations et fabriqué avec les soins qu'il exige, le chocolat qui sort aujourd'hui de notre fabrique a repris tout son arome, tout son parfum, toutes ses qualités. C'est maintenant qu'on peut dire, avec les savants auteurs de l'Encyclopédie, du Dictionnaire des Sciences naturelles et celui des Sciences médicales :

— « Le chocolat bien préparé est d'un parfum exquis et d'une grande délicatesse de goût; il est d'ailleurs très-léger sur l'estomac et ne laisse aucun résidu ni dans la chocolatière ni dans les tasses (1). »

— « Il y a longtemps qu'on appelle le chocolat le lait des vieillards : on le regarde comme très-nourrissant et comme très-propre à réveiller les forces languissantes de l'estomac (2). »

— « Le chocolat est très-nourrissant, parce que les fruits du cacaoyer le sont beaucoup eux-mêmes. Il fortifie l'estomac, ranime les esprits, contribue à réparer d'une manière très-prompte les forces abattues ; c'est pourquoi il est d'une grande utilité à ceux qui se sont épuisés avec les femmes, qui sont en bon train de convalescence, ou qui se livrent à des travaux ou à des exercices violents (3). »

— « On croit encore que le chocolat est très-bon pour la poitrine ; on en recommande l'usage aux phthisiques. Ayant soin de le couper avec du lait (4), il adoucit l'acrimonie des humeurs et forme un excellent déjeûner pour les personnes attaquées de consomption. *Lervis de Tabidorf* a connu un enfant de trois ans, abandonné des médecins, que sa mère a rétabli en lui donnant du chocolat à petites doses, mais fréquemment répétées (5). »

— « Si le véritable chocolat est un aliment aussi nourrissant que léger à l'estomac, il faut se méfier de toutes ces préparations par lesquelles des ignorants ou des fourbes en corrompent, en altèrent, en vicient toutes les bonnes qualités. Les médecins éclairés ne doivent jamais conseiller l'usage de ces préparations nuisibles ; c'est à eux seuls à prescrire les additions qu'ils peuvent juger nécessaires, et dans les proportions qu'ils croiront convenables, etc. (6). »

Telles sont les qualités que l'on reconnaissait il y a soixante, trente ou vingt ans au bon chocolat ; mais il est facile de voir qu'on n'en parlait que comme un aliment destiné seulement aux vieillards, aux convalescents, aux personnes épuisées par le travail ou par des excès. Cela devait être, car la cherté du cacao, les droits énormes dont il était frappé à son entrée en France, autant que la longueur des procédés de fabrication rendaient le chocolat un pur objet de luxe, qui n'étaient abordable que pour les classes riches ou pour ceux qui en avaient un indispensable besoin.

Aujourd'hui il n'en est plus ainsi : le chocolat est devenu en France ce qu'il est depuis longtemps en Amérique, en Espagne et en Italie, un objet de première nécessité pour tous. Tout le monde a senti la supériorité d'un aliment aussi salubre, aussi nourrissant ; les personnes qui ont des occupations journalières de cabinet ou de bureau en ont bientôt apprécié tout l'avantage, et se sont empressées de l'adopter. Mais le triomphe du chocolat en France ne sera complet que lorsque, par la diminution de son prix, il sera devenu l'aliment de tous, de l'ouvrier même qui y trouvera économie de temps, d'argent et de soins, en même temps qu'une nourriture saine, agréable, substantielle, propre à lui permettre d'attendre sans impatience et sans fatigue l'heure du dîner.

C'est à cet heureux résultat que nous aspirons ; c'est à ce but utile que nous avons fait tendre tous nos efforts, toutes nos expériences, toute notre ambition ; on en sera facilement convaincu, quand nous aurons dit que tout dans notre manière d'opérer a été dirigé vers une économie de temps, de main-d'œuvre et de capitaux qui doit réaliser le but que nous poursuivons. Nous pensons donc qu'en offrant aux consommateurs, à trois sous la tasse, un chocolat parfait, nous avons déjà fait un pas vers ce but, et qu'il nous est permis, sans illusion, d'espérer l'atteindre.

De la fabrication du chocolat et des modications qu'elle a subies.

Il y a sans doute bien loin de la fabrication simple et rustique du chocolat par les anciens peuples du Mexique à l'emploi de ces superbes machines inventées récemment pour perfectionner cette fabrication. Mais aujourd'hui que nous avons reconnu l'inutilité parfaite, totale de ces machines quant à ce but, nous tendons à nous rapprocher de la simplicité primitive, tout en perfectionnant réellement.

Dès que le fruit du cacaoyer parut en Europe, précédé de sa réputation, on s'étudia, tant en Espagne qu'en Italie, à perfectionner la fabrication du chocolat, sur laquelle on publia maints traités. On s'arrêta longtemps à un mode qui consistait à dépouiller les amandes déja mondées ; on les pelait, on les rôtissait dans une bassine sur un feu modéré ; on les pilait ensuite dans un mortier bien chaud ; quand on les avait réduites en une pâte liquide, on y ajoutait la quantité de sucre convenable, et l'on soumettait le tout à l'action d'un rouleau ou cylindre en fer, qui agissait sur une pierre plate aussi chauffée et qui l'amenait à la finesse con-

(1) Encyclopédie ancienne.
(2) Ancienne Encyclopédie.
(3) Dictionnaire des Sciences naturelles, article de M. Marquart.
(4) Nous ferons observer que le chocolat est plus léger à l'eau pure.
(5) Dictionnaire des Sciences naturelles, article de M. Marquart.
(6) Dictionnaire des Sciences médicales, article de M. Cadet de Gassicourt.

venable. Cette pâte, encore chaude, était mise dans des moules de fer-blanc, où elle prenait la forme de tablettes.

Nous ne nous arrêterons pas à toutes les imperfections de cette manière de fabriquer, parce qu'elle n'est plus guère en usage que chez certains marchands qui ne font de cet article qu'un accessoire, et auquel ils sont, quant aux soins qu'il réclame, tout-à-fait étrangers. Nous arriverons aux premières machines que cette industrie en enfance a saluées comme un progrès.

De ce nombre sont celles que nous voyons fonctionner encore aujourd'hui au moyen des bras d'un homme; une pression plus forte, plus régulière, voilà l'amélioration dont on les glorifie ; quant à l'économie de main-d'œuvre, loin d'y atteindre, elles l'augmentent au contraire ; et encore est-ce là leur moindre inconvénient : l'usage pernicieux du mortier chauffé leur est-il toujours indispensable ? car ces machines ne peuvent fonctionner qu'après cette préparation ruineuse des bienfaisantes qualités du cacao.

Cet inconvénient était trop grave pour ne pas chercher à s'y soustraire ; aussi de riches fabricants, des négociants mêmes étrangers à cette fabrication prêtèrent l'oreille à des idées conçues par d'habiles mécaniciens, et dotèrent cette industrie de ces brillantes machines que nous voyons fonctionner aujourd'hui entourées d'amateurs.

Par ces machines, la fabrication a-t-elle fait un pas vers son but ? non ; le mécanicien seul a droit aux éloges pour l'exécution et le fini de son ouvrage, mais le public n'a rien à gagner à acheter du chocolat ainsi fabriqué ; nous disons rien, car cette fabrication est infiniment plus chère, et la qualité de ses produits est loin d'en être augmentée. Beaucoup de ces machines conservent encore hors des yeux du public l'usage déplorable du mortier ; quelques fabricants l'ont remplacé par des *moulins à pâte*, c'est-à-dire qu'ils réduisent le cacao qu'on leur donne en grains en une pâte assez liquide pour recevoir le sucre; c'est sans doute une amélioration notable, mais qui n'est pas complète.

En effet, ne retrouve-t-on pas une partie des anciens inconvénients dans la table en fonte de beaucoup de ces machines : l'énorme pression à laquelle se trouve soumise cette pâte, lorsqu'elle a été sucrée, le frottement continuel sur le fer chauffé ne lui communique-t-il pas déjà un goût étranger à la finesse de son arome, et sa partie huileuse ne souffre-t-elle pas sensiblement d'un contact aussi échauffé et aussi puissant ? Ceci est incontestable et a été senti par plusieurs fabricants, qui ont remplacé les rouleaux ou la table en fonte par des tables ou des rouleaux en marbre ; ce n'est faire disparaître l'inconvénient qu'à moitié, car il reste toujours l'énormité de la pression, et par là, le contact obligé d'une grande chaleur pour la partie huileuse si délicate dans le cacao.

D'un autre côté, on ne peut se dissimuler que le frottement de ces parties métalliques ne doive agir insensiblement de manière, que de la moins dure il doit se détacher, à la longue, une grande quantité de parcelles ferrugineuses qui nécessairement restent dans le chocolat fabriqué, et ne peuvent manquer d'en altérer la pureté.

Mais ce ne sont là que les reproches les plus généraux, il est un autre point de vue sous lequel nous devons envisager l'emploi de ces machines.

Nous avons dit que nous ne reconnaissons de véritables perfectionnements qu'autant qu'ils ont pour résultat une diminution dans les prix de l'objet fabriqué ; eh bien ! nous ne craignons pas de trouver un seul opposant lorsque nous affirmons que, loin d'obtenir ce but, les machines dont nous venons de parler augmentent les frais dans une effrayante proportion, surtout si l'on considère le prix énorme de leur achat et celui plus lourd encore de leur entretien. Elles ne sont donc réellement qu'un obstacle à la diminution du prix du chocolat, et jusqu'à ce qu'on nous démontre par des chiffres et mieux encore par des faits, que les produits de ces machines peuvent être livrés à un prix plus modéré que celui établi avant leur usage, nous nous croirons toujours autorisés à proclamer que leur emploi n'a point avancé la fabrication qui nous occupe, et qu'au contraire il l'entrave.

De notre propre fabrication.

La première et la plus importante de nos opérations, après le choix scrupuleux du cacao, est celle si improprement appelée de *brûler le cacao*. Cette opération exige l'expérience la plus consommée et les soins les plus suivis.

On avait adopté en France l'usage importé d'Italie de *brûler* le cacao, et on le brûlait effectivement si bien, qu'on le réduisait à un état de carbonisation complet. Cependant le simple bon sens indiquait assez qu'en faisant *rôtir* l'amande, on lui enlevait toute sa partie nutritive, et qu'au lieu d'un aliment exquis, substantiel, parfumé, on ne devait plus obtenir du cacao, ainsi dénaturé, qu'une substance amère, rebutante et difficile à digérer, puisque ses principes doux et onctueux avaient disparu, pour ne laisser qu'un résidu sans aucune propriété nutritive, et n'ayant plus qu'une saveur âcre et brûlée.

C'est pourtant là le procédé qu'on employa longtemps pour faire du bon chocolat; c'était à qui *brûlerait l'amande du cacaoyer*. On n'attachait aucune importance à lui conserver ses précieuses qualités. On s'exerçait à qui mieux lui enleverait son arome, son parfum naturel, pour le remplacer par des ingrédients de haut goût. Un pareil aliment devait être si rebutant et si malfaisant, qu'on a lieu de s'étonner que l'usage du chocolat n'ait pas été entièrement rejeté.

Heureusement, il y avait dans l'amande du cacao des principes trop appréciés pour être entièrement méconnus. Beaucoup d'efforts furent faits pour abandonner les procédés vicieux employés par l'aveugle routine. Animés du désir d'améliorer, des fabricants studieux travaillèrent à sortir des vieilles ornières, et le résultat de leurs combinaisons nous amena à l'application de la vapeur pour la *torréfaction* du cacao.

C'était une grande amélioration que celle qui nous débarrassait de l'action dévorante du feu, toujours si difficile à diriger et à maintenir à un même degré de chaleur. Mais les personnes familiarisées avec la fabrication du chocolat ne tardèrent pas à s'apercevoir que, si la vapeur ne manquait pas d'agir fort régulièrement, son action était trop lentement efficace, et qu'on retombait dans le défaut contraire à celui de la torréfaction par le feu nu. Le procédé de *dessiccation* par la vapeur étant d'ailleurs très-long, rendait ce moyen impraticable.

C'est donc à l'air chaud que nous avons demandé ce qu'on n'avait pu obtenir ni du feu nu, ni de la vapeur, et le succès a été complet. Par cette manière de préparer le cacao pour sa réduction en pâte, nous avons obtenu les produits les plus parfaits qu'on ait encore offerts aux consommateurs. Le chocolat que nous fabriquons par notre procédé ne perd rien de son parfum, de sa finesse, de ses bonnes qualités; il n'a jamais ni âcreté, ni verdeur; on en savoure l'arome vrai, naturel; en un mot, c'est la fève du cacaoyer dégagée de tout ce qui lui est étranger, et dont les principes purs et sans altération aucune sont prêts à s'unir à telles substances qu'exige la fabrication du chocolat.

On vient de voir quelle importance nous attachons à la qualité du cacao, au choix auquel il doit être soumis et surtout à la première préparation qu'il doit subir; cette opération étant à nos yeux la base essentielle de toute bonne fabrication, nous partirons de ce point pour faire connaître à nos lecteurs la simplicité de nos procédés; ils concevront alors comment nous pouvons livrer des chocolats fins et parfaits à des prix de près de moitié moins élevés que ceux établis chez d'autres fabricants; nous laissons à la sagesse et à la délicatesse du goût des consommateurs le soin de juger la bonne foi de notre annonce et le résultat de notre fabrication.

Après la torréfaction exécutée au moyen de l'air chaud, nous soumettons notre cacao à l'action d'une machine, dont les deux pièces principales sont deux meules en granit, polies, taillées et placées de façon à ne laisser échapper la matière que lorsqu'elle est tellement réduite en pâte, qu'elle file pour ainsi dire comme le ferait une huile de quelque consistance. De cette manière, nous obtenons une pâte parfaitement liquide, régulière et propre à recevoir le sucre, qui lui-même se trouve dans un état de *finesse impalpable*, par suite du travail qu'il a subi dans une autre machine munie de tamis de divers degrés.

Lorsque ces deux matières traitées à part sont arrivées à un parfait état de finesse, elles sont facilement amalgamées sans le secours, soit d'une forte chaleur qui altère toujours la qualité de la pâte, soit d'une grande force de pression ou de frottement quelconque, quelques tours sur une machine de trois rouleaux en granit suffisent pour compléter l'alliance intime entre la pâte de l'amande et le sucre. C'est par cette absence totale de chaleur et de frottement que nous conservons à nos chocolats cette belle couleur claire, ce goût franc et pur, cet arome délicat et naturel qu'on y trouve et qu'on chercherait en vain dans des produits plus vantés.

Nous avons dû nous abstenir de tous mélanges, de toutes aromatisations étrangères, telles que celle de la vanille, de la cannelle, du girofle, de l'ambre, etc., etc.; les unes au moins inutiles ou destructives de l'arome du cacao, les autres enfin, nuisibles et même dangereuses, comme échauffantes, astringentes ou irritables.

Le chocolat ainsi fabriqué est, sans contredit, un aliment nourrissant, tonique et le plus léger que l'on puisse trouver dans le regne végétal; nous sommes heureux de pouvoir ajouter qu'il est aussi aujourd'hui un des moins coûteux, pour ne pas dire le plus économique, eu égard à ses propriétés nutritives. Nous ne doutons pas qu'il ne devienne insensiblement la nourriture du riche comme du pauvre, de l'homme de bureau comme de l'homme occupé de travaux manuels.

Nous terminerons cette notice par quelques réflexions sur toutes ces espèces de chocolat que nous voyons pompeusement annoncer chaque jour, comme *analeptique*, *anti-spasmodique*, etc., etc. Nous n'aurons besoin, pour faire ressortir les inconvénients de toutes ces préparations hétérogènes, que de donner ici un extrait de l'opinion consciencieuse émise, il y a 25 ans, par une de nos célébrités pharmaceutiques.

« Le charlatanisme, qui corrompt nos aliments comme nos remèdes, dit M. Cadet de Gassicourt, dans son article *Chocolat*, du Dictionnaire des Sciences médicales, prône beaucoup dans Paris une préparation, sous le nom de chocolat analeptique au tapioka ou au sagou, etc., etc. On peut avoir la fantaisie ou la curiosité de goûter de pareilles préparations, mais des médecins éclairés n'en conseillent jamais l'usage ; si le bon, le véritable chocolat leur parait trop léger, ils y associent, suivant le cas, quelques substances nutritives, dont ils indiquent eux-mêmes la proportion et qu'ils jugent appropriée à l'état du malade. »

M. Cadet de Gassicourt avait raison de flétrir toutes ces spéculations, car les qualités toniques, rafraîchissantes et nourrissantes que l'on veut donner au chocolat par ces prétendues additions, il les possède déjà naturellement dans sa pureté, et l'on ne peut espérer rien de mieux de ces mixtions avec lesquelles on prétend faire de cet aliment une ridicule panacée universelle.

Nous pensons, au reste, comme ce savant chimiste, que si les médecins jugent à propos d'ajouter quelque substance au chocolat pur, c'est à eux seuls à prescrire la qualité et la quantité, afin de l'approprier à l'état du malade; que s'il ne s'agit que d'une affaire de goût et de caprice pour les personnes en bonne santé, alors c'est à elles qu'il appartient de mêler à leur chocolat tel aromate, tel parfum, telle substance qui peut flatter leur sens.

De la préparation du Chocolat.

Nous avons vu comment les peuples de l'Amérique centrale préparaient leur chocolat. Les Espagnols continuèrent longtemps à employer le même procédé ; ils travaillèrent seulement à corriger le goût de cet aliment salutaire, en mêlant à la partie du cacao le sucre de canne, la vanille et autres aromates plus échauffants qu'utiles.

Aux Antilles, on se borna à faire des pains de cacao pur et sans aucune addition, qu'on ratissait avec une râpe, quand on voulait préparer la boisson ; on y ajoutait ensuite du sucre en poudre passé au tamis de soie, de la cannelle ou de la vanille, et l'on jetait ce mélange dans la chocolatière avec un œuf frais. On mêlait ensuite le tout avec un moulinet, jusqu'à ce qu'il fût réduit à la consistance du miel liquide, sur quoi l'on versait la liqueur bouillante (eau ou lait), pendant qu'on faisait rouler le moulinet avec force pour bien incorporer le tout ensemble. On servait le chocolat quand il moussait bien. Les gourmets y ajoutaient encore de l'eau de fleur d'oranger, et même quelques gouttes d'ambre. Ce chocolat, ainsi préparé, ne laissait pas d'être fortement du goût des créoles.

En France, nous prenons généralement le chocolat au lait ; nous devons dire que la manière la plus simple et la plus saine, c'est de le préparer à l'eau pure.

Cette préparation n'exige aucun de ces longs soins que l'on employait autrefois. Il suffit pour cela de mettre dans une chocolatière en argent ou en cuivre bien étamé (1), le nombre de tablettes de chocolat, cassées par morceaux, que l'on désire préparer ; on y ajoute une petite quantité d'eau pour le fondre, on l'agite, afin de le bien délayer ; aussitôt qu'il est parvenu à ce point, on verse la quantité d'eau ou de lait nécessaire, et on le laisse bouillir quelques minutes seulement. Si l'on désire le prendre mousseux, il faut, lorsque l'écume monte, agiter dans tous les sens afin de le faire mousser ; servi ainsi tout chaud dans les tasses, il est léger et moëlleux.

Ces proportions d'un douzième de livre qu'indique chaque tablette sont le plus ordinairement employées ; cependant on peut augmenter la quantité d'eau ou de lait, si l'on veut prendre son chocolat plus léger, et la diminuer si on le veut plus fort ; mais on ne doit pas perdre de vue que, pris de cette dernière manière, on le digérerait moins aisément.

Le consommateur suppléera de lui-même à l'insuffisance de nos indications ; mais ce qu'il lui importe de savoir, c'est que, secondés aussi par une grande diminution sur les droits d'entrée des cacaos, nous sommes en mesure de lui offrir, à trois francs le demi kilog, le chocolat fabriqué avec le pur, le vrai *cacao de Caraccas*, et à deux francs celui fait avec le cacao du Brésil, appelé Maragnon. Ce résultat est sans doute celui auquel on ajoutera moins de foi ; mais, nous le répétons, nous ne réclamons l'indulgence du consommateur que pour notre style ; quand à son jugement sur nos produits, nous acceptons sa sévérité, et c'est avec confiance que nous l'attendons.

On devra toujours trouver chaque tablette revêtue de notre nom.

(1) Il faut éviter de faire bouillir le chocolat dans des ustensiles de fer-blanc, parce qu'il pourrait en contracter le goût. On doit aussi, pour le bien délayer et au besoin le faire mousser, se servir d'un moulinet ou moussoir en racine de buis: cet ustensile très-simple abrége la préparation et donne au résultat une homogénéité parfaite.

DU CAFÉ.

O mortels trop heureux, qui de cette liqueur
Avez souvent goûté le parfum enchanteur,
Vous chassez loin de vous la lourde somnolence ;
La vigueur de vos sens remplace l'indolence :
Vous sentez poindre en vous des aiguillons nouveaux.
Pour vous livrer gaiment à d'utiles travaux.
Diligemment du jour vous devancez l'aurore,
Tandis que dans leur lit d'autres dorment encore.

De Merry.

Nous ne regarderions pas comme complètes les notions que nous venons de donner sur la préparation du chocolat, si nous ne les faisions suivre d'une courte dissertation sur l'art non moins important de préparer le café et de l'obtenir parfait. Les recherches auxquelles nous avons dû nous livrer pour la torréfaction du cacao et pour rendre au chocolat ses qualités aussi bienfaisantes que délicieuses, nous ont conduit à adopter à peu près les mêmes principes à l'égard de la fève du caféyer, et nous croyons aussi être parvenus à pouvoir offrir au consommateur un café torréfié susceptible de se garder longtemps dans toute sa pureté.

Nous ne prétendons point retracer ici l'histoire de la découverte du café, non plus que de sa culture, de son introduction en Europe, des phases diverses qu'il a éprouvées, soit dans les prohibitions dont il a été l'objet, soit dans son immense importation dans les contrées où il est aujourd'hui un objet de première nécessité; tout cela est loin de nous et intéresse trop peu le consommateur pour y revenir aujourd'hui; homme d'expérience et de pratique sur sa consommation, c'est avec empressement que nous nous sommes livré à la recherche des moyens de conserver au fruit du caféyer, dont la réputation universelle ne trouve plus de contradicteurs, toutes les vertus que les vices de sa préparation ne lui enlèvent que trop souvent.

Le café vert, c'est-à-dire non torréfié, tel que le commerce le reçoit des lieux de production, nous arrive de toutes les contrées où le soleil darde ses rayons, mais particulièrement de l'Arabie, des îles de la mer Asiatique et de celles de l'Océan Atlantique. Chaque pays a sa qualité particulière, mais comme il serait trop long de les énumérer, nous nous bornerons à ne parler que des espèces le plus en usage et surtout les meilleures.

En première ligne nous placerons le café provenant des bords de la mer Rouge, connu dans le commerce sous le nom de café *Moka*. C'est sans contredit le plus riche, le plus agréable, le plus exquis en parfums et en principes volatils; son délicieux bouquet se savoure longtemps encore après l'avoir pris. C'est à tort que l'on croit que l'Europe et la France en particulier ne reçoivent presque pas de café moka; cela pouvait être vrai pour des temps déjà éloignés de nous, mais aujourd'hui tous nos marchés sont abondamment pourvus de ce café d'Arabie, et le prix en est diminué sensiblement,

Le café du Levant, d'Ouden ou de Moka se vend indistinctement sous cette dernière dénomination: la fève en est jaune, quelque peu verdâtre, recouverte d'une pellicule dorée; la forme est courte, arrondie, le grain petit et très-sec; l'odeur en est très agréable, même avant d'être torréfié. En somme, il a plus d'arome, plus de finesse que les cafés verts des Antilles; mais il a moins de force que ces derniers.

Le choix du café Moka, pour être heureux, doit être fait avec une scrupuleuse attention. Il faut se méfier de ces cafés dont les grains présentent généralement une forme très bien arrondie, une propreté parfaite. Ce sont des grains triés dans toutes les sortes, mais presque toujours dans les cafés Bourbon, et c'est souvent dans les plus mauvaises espèces que certains marchands vont chercher les moyens, non de satisfaire le palais, mais de tromper l'œil du consommateur de bonne foi. Mieux vaudrait faire usage du café Moka tel qu'il nous arrive quelquefois, c'est-à-dire, assez souvent surchargé de pierres, de poussière, de grains noirs et en coques. Celui-ci au moins, quelle que soit l'irrégularité de sa forme, et quoique moins bon que celui de choix, est encore fort agréable; l'odeur en est parfaite et l'usage satisfaisant.

Après le café Moka vient pour notre usage celui de l'île *Bourbon*. Quoiqu'importé d'Arabie et cultivé sous le même climat, le café Bourbon ne présente pas, à notre avis, toute la supériorité que certains auteurs se sont plus à lui donner; on a été jusqu'à dire qu'il égalait parfois les meilleurs cafés *Moka*. Nous avons répété de fréquentes expériences sur des cafés de Bourbon appelés jaunes dorés; on sait que cette sorte passe pour la meilleure de cette île; eh bien! nous avons toujours reconnu que, malgré un parfum assez suave, il est vrai, ces cafés ne possèdent qu'une force incomparablement moindre. Quant aux Bourbons verts, comme ils sont inférieurs aux jaunes, nous ne nous y arrêterons pas; nous conseillerons seulement de ne faire usage de ces diverses sortes qu'à défaut de Moka, dont le prix n'est guère plus élevé.

Le café de la Martinique tient le premier rang parmi ceux des Antilles; si son arome est moins délicat que celui d'Arabie, en revanche, il a l'avantage d'être infiniment plus fort. Sa fève est aussi beaucoup plus grosse et plus longue: elle est d'un beau vert, recouverte d'une pellicule argentée. Dans cet état, on l'appelle *Martinique fin vert;* en vieillissant il blanchit, mais cette transformation, au lieu de nuire à sa qualité, ne fait souvent que faire perdre le goût de vert qu'il a conservé quelquefois et le rend ainsi meilleur que lorsqu'il est nouveau.

Le café de la *Guadeloupe* a la fève d'un beau vert luisant, d'un œil plus ou moins plombé; elle est forte et oblongue; sa qualité ne diffère pas essentiellement de celle du café Martinique, et il est souvent confondu par les consommateurs et même par le commerce avec ce dernier café.

Il en est de même de ceux de Marie-Galande (1).

Hors des espèces que nous venons de mentionner, il n'est plus permis de chercher des qualités propres à fournir une boisson salubre, agréable, et moins encore aussi franche, aussi délicate que celle des cafés Moka, Bourbon, Martinique, etc. Les cafés de Rio, Porto, Java, Ceylan, Manille, Guyara, St-Domingue, etc., ne sont guère employés que par les personnes pour qui l'économie est le premier besoin, ou comme mélange par des spéculateurs plus avides de gain que jaloux des qualités.

Si le consommateur doit apporter un grand soin dans l'achat de son café, il n'en doit pas donner moins aux diverses préparations qu'il exige, et qui sont plus difficiles qu'on ne le pense généralement.

La torréfaction est de toutes ces opérations la plus importante, car si le café est brûlé et non convenablement torréfié, au lieu d'offrir une boisson délicate, d'un arome fin, d'un goût agréable, il ne donne plus qu'un breuvage épais, amer, rebutant, et dont toutes les

(1) Nous devons néanmoins faire observer que ces cafés ne donnant pas toujours, étant pris seuls, une boisson agréable, il devient nécessaire de les mélanger avec des cafés d'Arabie ou de Bourbon.

qualités douces, bienfaisantes ont été détruites par la dissipation des parties volatiles qu'il renfermait : son huile essentielle a contracté un goût de brûlé et d'amertume capable de causer de graves inconvénients.

Voilà cependant à quoi sont exposés journellement les trois quarts au moins des consommateurs qui s'approvisionnent chez des marchands épiciers, dont les soins pour la préparation de cet article si important ne s'étendent pas bien loin. Ne voyons-nous pas tous les jours cette opération se faire par des jeunes gens sans expérience, et souvent incapables d'être pénétrés de ce qu'ils font? leur incurie ne se révèle-t-elle pas aussi par les moyens qu'ils emploient? Nous les voyons d'abord alimenter un feu très-irrégulier par de mauvais bois, de vieilles planches, et presque toujours par des débris de tonnes à huile. Croit-on que l'odeur infecte que développe ce combustible n'influe pas sensiblement sur le parfum si délicat du café? leur est-il permis d'offrir par ces moyens deux fois le café torréfié au même degré? Non, nous remarquons souvent à leur porte des cafés presque noirs, et dont toute l'huile essentielle qu'ils contenaient a été perdue, dévorée par ce brûlement désastreux : croit-on qu'il soit possible encore d'obtenir quelque chose de bon après une telle manière de procéder?

Nous ne sommes cependant encore qu'à la première opération, et si nous examinons ensuite les moyens qu'ils emploient pour conserver leur café torréfié, nous ne manquerons pas de reconnaître bien d'autres causes de détérioration. Nous verrons souvent le café exposé à tout air, pendant 12 à 15 jours, ou enfermé dans des caisses de bois de sapin ; et enfin, lorsqu'il est nécessaire de le moudre, un grand nombre ont l'habitude d'y ajouter, au su de tout le monde, jusqu'à deux cent cinquante grammes de chicorée par kilo de café (1). Voilà cependant les ingrédients que prennent journellement les trois quarts des consommateurs! Doit-on s'étonner, après ces faits dévoilés, qu'il y ait un si grand nombre de personnes incommodées par cette boisson qui, *prise dans sa pureté*, et préparée avec les soins qu'elle exige, est sans contredit salutaire, bienfaisante autant qu'agréable? Non, on doit même l'être de ce qu'il n'y a pas encore plus de migraines, d'insomnies, d'irritations.

Le consommateur qui achète son café sans être brûlé est-il exempt de tous ses inconvénients? Nous ne le pensons pas non plus, parce que la plupart des personnes qui font ainsi, n'en sont pas moins obligées de confier la torréfaction à des domestiques inexpérimentés, dont beaucoup se contentent d'un poêlon en terre vernissée, pour faire rôtir le café. Nous devons dire qu'on ne saurait rien obtenir de bon par de semblables moyens. Il faut, avant tout, ne jamais laisser le café découvert quand on le grille. Quant à l'usage du brûloir ou cylindre en fer, l'expérience nous a démontré qu'on réussit difficilement à bien torréfier le café, quand on n'a pas l'habitude de s'en servir.

Pénétrés de toutes ces difficultés, de toutes ces imperfections, nous nous sommes mis à la recherche des moyens d'offrir au consommateur du café exempt de tous ces défauts et susceptibles de se conserver longtemps sans altération, soit en grains, soit en poudre.

On sait quelles difficultés présente la bonne torréfaction et quels avantages on en retire, lorsque cette opération est bien faite. De savants praticiens ont signalé cette difficulté, mais aucun d'eux n'a donné de moyens précis pour la vaincre ; quelques uns ont donné, sur sa préparation, des recettes impraticables dans un ménage ; tous ont dit : C'est une préparation délicate; difficile. Il faut que le café Moka soit moins brûlé que le Martinique qui contient encore une sève végétale qui le rend vert; mais aucun de ces messieurs n'est venu fixer l'indécision du consommateur ni lui montrer un moyen certain de reconnaître le degré convenable à chaque espèce.

C'est cette lacune que nous venons combler, non en instruisant le public des moyens d'y parvenir, ceci est notre secret, notre propriété, mais en lui offrant un café qui réunit tous les avantages qu'un véritable amateur a le droit d'y chercher. Toutefois, pour qu'on ne pense pas que nous reculons devant le besoin d'exposer nos principes, nous allons entrer dans quelques développements, et si nous ne les présentons pas avec le talent d'un rhétoricien, du moins sommes-nous sûr qu'on y reconnaîtra l'homme de pratique et d'expérience, qui sait, quand il le faut, raisonner sa matière.

On a dit que le café Martinique demandait à être plus torréfié que celui d'Arabie : cela est vrai, parce que ce café contient encore une humidité inhérente à sa nature, et dont il faut chercher à le débarrasser; mais au lieu d'essayer à y parvenir par une première préparation, on se borne à le faire griller ou plus longtemps, ou à un feu plus vif; et par là, on croit obvier à l'inconvénient que présente cette partie aqueuse, sans réfléchir qu'on l'incorpore ainsi davantage, en forçant la pulpe du café à absorber une eau qu'il fallait lui faire rejeter. Et comme cette eau n'a pu s'y maintenir qu'aux dépens du parfum, il est évident que le café ainsi préparé ne doit plus offrir qu'un goût amer et désagréable; car en procédant ainsi on fait justement le contraire de ce que l'expérience nous indique pour laisser au café toute sa pureté, tout son arome, toute sa saveur et sa finesse.

C'est cependant là la méthode généralement employée pour toutes les espèces de café ; ainsi, par exemple, on emploie le même procédé pour enlever le vert du café Martinique que pour détruire la poussière du café Moka. Il est facile de concevoir l'inefficacité de ce moyen, et c'est parce que nous en sommes convaincu depuis longtemps, que nous sommes arrivé à enlever l'humidité du café Marti-

(1) Quelques personnes regardent l'addition de la chicorée comme utile, dans le café au lait surtout. Nous devons les assurer que cette drogue n'a d'autres qualités que de donner une infusion boueuse et noire et d'altérer les principes toniques du café.

tique et la poussière du café Moka par un procédé approprié à chaque espèce. Ce procédé est aussi simple qu'infaillible.

Après avoir évité l'inconvénient que nous venons de signaler, nous nous sommes appliqué à conserver au café torréfié tout son arome et toute sa force. Ce moyen, nous l'avons trouvé par des expériences incessamment répétées; et nous pouvons mettre sous les yeux du consommateur du café torréfié depuis plusieurs mois, qui n'a rien perdu de son parfum ni de ses qualités. Nous avons dû aussi porter notre attention sur l'usage de réduire le café torréfié en poudre, au moyen d'un moulin. Ce procédé, qui peut être commode, ne donne qu'un résultat fort imparfait, car la poudre plus ou moins fine qu'on en obtient est toujours très-irrégulière et ne cède à l'infusion qu'une partie incomplète de ses principes. Nous avons souvent comparé le même café étant moulu ou pilé, et nous devons dire que l'avantage du parfum, de la force est toujours resté à celui pilé, ce qu'indique, du reste suffisamment l'état de finesse de la poudre que donne l'action puissante du pilon. C'est donc à ce dernier moyen que nous recourons pour les cafés qui nous sont demandés en poudre.

Nous ne croyons pas devoir parler ici de toutes ces méthodes de torréfaction, que certaines personnes tiennent comme un secret, et dont le mérite saillant est de colorer et de réparer le déchet que subit le café. Tout le monde sait que c'est par l'addition de matières sirupeuses qu'on obtient ce résultat inséparable, du reste, d'une altération complète de la délicatesse du café.

Il existe à Paris une maison qui vend des cafés ainsi préparés et qui jouit d'une certaine vogue. Nous avouons ne pas comprendre cette faveur. Comment des produits qu'on dissimule, qu'on n'oserait pas vendre en grains peuvent-ils mériter une telle préférence? et quand on songe que tout cela est dû à une infusion *boueuse, noire, amère, âcre, très-irritante*, sans *parfum* réel du café, on déplore la perversion de goût ou l'ignorance de tant de consommateurs. Le temps fera justice de cette erreur.

De la conservation du café torréfié.

Beaucoup de personnes renferment leur café torréfié dans des vases de fer-blanc qu'ils bouchent hermétiquement : c'est un moyen désastreux dont nous devons signaler les funestes effets. On sait que le café contient un acide gallique qui a la propriété de dissoudre le fer; or, il est certain qu'en enfermant du café dans unes de ces boites, cet acide agit sur elles de manière que, tout en dissolvant ce fer, le café en prend non-seulement le goût détestable, mais encore la couleur. Pour s'en convaincre, il suffit de laisser refroidir du café dans un de ces vases, et on le trouvera bientôt d'une couleur noire et exhalant un goût désagréable.

Il faut donc éviter avec soin de mettre du café dans des boites d'une pareille matière. On fera très bien de les remplacer par des vases de porcelaine, de faïence ou même de terre vernissée, afin de bien conserver le café torréfié. Quant aux cafetières qui sont les plus convenables pour préparer la boisson, nous pensons qu'il faut encore éviter avec plus de soin celles en fer-blanc; rien n'est plus désastreux pour le parfum du café que ces sortes de cafetières; nous croyons qu'on gagnera beaucoup à se servir de celles en terre de Sarreguemines, que nous regardons comme les plus appropriées à cette infusion. On en trouvera dans notre magasin d'une extrême simplicité et d'un prix très-modéré.

Nous terminerons par quelques considérations sur la manière de préparer la boisson, et en cela notre opinion est tellement opposée à l'usage actuel, que nous n'espérons la faire prévaloir que lorsque le temps et l'expérience seront arrivés à notre aide.

On est généralement dans l'habitude de préparer le café ou par ébullition, ou en versant de l'eau bouillante sur le café réduit en poudre, que l'on place sur un filtre destiné à le passer et à le dégager de toutes ses parties les plus épaisses. Ces deux méthodes, dans lesquelles l'eau bouillante joue le rôle principal, sont également vicieuses (1).

En effet, nos expériences nous ont convaincu que l'eau bouillante détruisait ou altérait sensiblement les parties volatiles si précieuses du café, en dissolvant celles qui sont âcres et nuisibles. On ne doit donc se servir que d'eau chauffée seulement au point de ne pouvoir y endurer le doigt; c'est-à dire à 40 ou 50 degrés tout au plus.

Mais ce qu'on croira difficilement, tant que la routine l'emportera sur l'expérience, c'est que la meilleure manière de préparer cette précieuse boisson est celle qui n'admet que l'emploi de l'eau froide. Cette méthode est si peu dans nos habitudes, que nous nous attendons à trouver beaucoup de consommateurs d'abord incrédules; mais comme l'experience n'est pas difficile à faire, nous espérons qu'on finira par se rendre à l'évidence. On reconnaîtra alors que le café préparé à l'eau froide est non-seulement plus aromatisé, plus fin, plus substantiel, mais encore beaucoup plus fort que celui provenant de l'emploi de l'eau chaude; on peut s'en convaincre par le caféomètre inventé par M. Cadet de Gassicourt.

L'infusion à froid enlève au café et communique à l'eau toutes ses qualités aromatiques et ne détache que peu ou point d'acide gallique; par conséquent, le produit de cette infusion est bien moins amer que celui provenant de l'eau bouillante, dont l'action violente agit jusque sur les parties les plus intrinsèques.

Le café ainsi préparé est d'une belle couleur brun clair capucin; il exige bien moins de sucre et infiniment moins de soins; car il suffit de placer la poudre sur le filtre, d'y

(1) Dans l'opinion que nous émettons ici, nous avons pour nous M. Cadet de Gassicourt et M. Goubard d'Aulnay, qui a publié il y a quelques années une monographie du café fort étendue.

verser quelques gouttes d'eau, d'agiter, afin d'humecter la poudre, trop fine, quand elle est pilée pour se laisser pénétrer entièrement sans cette précaution. Ceci fait, on verse alors la quantité d'eau restante à employer. La filtration s'opère assez activement, et étant terminée, il convient, pour extraire toutes les parties utiles contenues dans la poudre pilée, de faire passer une seconde fois; on verse de nouveau le résultat obtenu sur la poudre, et cette deuxième filtration étant moins active que la première, donne alors un produit si fin, si délicat, si parfumé, que ceux qui l'ont gouté l'adoptent sans retour.

Lorsqu'on fait chauffer le café, il faut éviter l'ébullition et observer, autant que possible, que les vases que l'on présente au feu soient toujours pleins. C'est ici le lieu de dire que le café réchauffé est toujours préférable à celui pris à l'instant de sa préparation ; si l'on a eu le soin d'éviter l'ébullition, même le frémissement, et de tenir toujours les vases bien bouchés. Nous ajouterons qu'il ne faut jamais se servir du marc de café infusé, comme le font encore beacoup de personnes ; on ne saurait plus rien en obtenir de bon ou d'utile ; toutes ses propriétés lui ayant été enlevées par la première infusion, il ne peut dès lors fournir qu'un goût amer et désagréable.

Nous croyons avoir indiqué les moyens de faire subir les premières préparations au café et ceux à employer pour obtenir une liqueur parfaite. Nous pouvons assurer le consomma- qu'il trouvera une immense bonification dans le résultat de nos procédés. Quant au café torréfié et pilé que nous lui offrons, ses qualités ressortiront toujours, de quelque manière qu'on le prépare.

Nous n'aurions pas atteint notre but, si nos diverses opérations avaient dû nous entraîner à une augmentation de prix. Heureusement, il n'en est pas ainsi : nous livrerons, à 2 francs 40 centimes le 1/2 kilogramme, un excellent café torréfié, et pilé, ce qui n'est que le prix auquel on vend tous les jours des cafés mal préparés, mélangés, et souvent de qualités très-inférieures. Nous avons foi dans les lumières du consommateur, et nous attendons sans anxiété le jugement qu'il portera sur nos produits.

Nous pensons que nos lecteurs liront ici avec bonheur les conseils aussi ingénieux qu'admirablement exprimés, qu'on trouve dans le poéme de M. de Merry, *pour goûter le Café.*

Pour faire le café s'il est un art heureux,
Il est pour le goûter un soin ingénieux.
Lors donc que vous verrez une vapeur limpide
Du vase s'échapper, à la flamme rapide
Ravissez le soudain ; lorsque le résidu
Sera jusques au fond en masse descendu,
Qu'un élan indiscret de votre impatience
N'absorbe pas d'un trait toute votre constance,
Modérez vos transports, humez-le lentement,
D'un plaisir réfléchi prisez le sentiment;
Par de légers repos charmez la jouissance.
Savourez du moka l'aromatique essence,
Et qu'à diverses fois le feu de la liqueur
Étonne le palais par sa brusque chaleur.
Par cet heureux essai, son essence épurée
Répand dans notre corps sa force élaborée :
Son suc vivifiant, si fécond en esprits
Des sources de la vie arrose les conduits.
Du liquide souvent la brûlante fumée
Se dilate dans l'air en sphère diaprée,
Et l'avide odorat, du goût avant-coureur,
De l'arome bouillant interceptant l'odeur,
Porte dans les canaux de son subtil organe
Du moka parfumé l'essence diaphane.

DE MERRY.
Poëme publié en 1837.

DU THÉ,

DE SON USAGE ET DE SA PRÉPARATION.

En faisant suivre les quelques observations que nous allons présenter sur le thé de celles qu'on a lues sur le chocolat et le café, nous ne voulons point discuter le mérite réciproque de ces végétaux. Nous pourrions multiplier à l'infini les louanges exagérées comme les dénigrements injustes dont le thé fut l'objet. Mais nous croyons parfaitement inutile de fatiguer l'attention de notre lecteur par des détails démesurés, aussi nuls d'intérêt qu'ennuyeux pour lui ; nous voulons conquérir ses habitudes pour l'usage du thé, et nous nous garderons bien de le lui montrer d'abord soporifique. Nous laisserons à ses observations personnelles le soin de décider lequel il doit préférer, ou plutôt si ces trois végétaux ne doivent pas trouver place dans une bonne hygiène, dans une alimentation salutaire et agréable. Nous ne nous occuperons donc que d'une manière très-succinte des diverses phases de l'introduction du thé dans le régime alimentaire, non plus que de sa culture, de son origine, des relations qu'il a procurées aux diverses nations qui l'ont accueilli et de l'avenir plus grand encore que les derniers événements politiques semblent lui promettre.

Tout le monde sait que le thé provient d'un arbrisseau rameux, toujours vert, qui croît à la hauteur de deux mètres environ; que pour développer toutes ses qualités il doit être exposé au midi et planté dans un sol pierreux ; qu'il est originaire de la Chine; que sa feuille est un des principaux aliments ou boisson de ce vaste pays, comme aussi le plus important objet de son commerce avec les autres nations.

On sait aussi que son introduction dans les états européens date de 1650 à peu près; que ce furent les Hollandais qui les premiers l'apportèrent parmi nous, que, comme tous les aliments nouveaux, il eut ses enthousiastes partisans comme ses aveugles et acharnés détracteurs; que la victoire lui est enfin restée et qu'il lève tribut aujourd'hui sur les trois quarts des peuples du monde.

On sait aussi quelle puissance, quelle richesse il a apportées à ceux qui l'ont le plus grandement adopté. L'Angleterre, par exemple, n'a-t-elle pas trouvé dans l'usage de cette feuille, que divers de ses écrivains ont avec raison nommée divine (elle l'a été pour leur pays) un accroissement de puissance incontestable? N'est-ce pas elle qui leur a ouvert ces gigantesques murailles où ses produits vont bientôt acquérir droit de cité ? N'a-t-elle pas été l'élément le plus lucratif et le plus sûr de leur active et intelligente marine? N'est-ce pas le manque de consommation parmi nous de cette feuille chinoise qui paralysera et rendra nulles longtemps encore les tentatives de notre commerce sur la Chine? Mais laissons là des considérations trop puissantes pour nos faibles forces. Nous devons parler du thé comme boisson, comme aliment ; le lecteur nous attend, entrons en matière.

Des propriétés du thé et de son usage.

Comme boisson alimentaire, le thé en est une des plus précieuses que l'usage ait sanctionnées parmi nous. En effet, la douce quiétude qu'elle procure, la suave chaleur qu'elle répand, sa tonicité vivifiante, son action diurétique, absorbante, récréative, légèrement stimulante ne sauraient être contestées.

Voici comment en parle Lemery, dans son traité des aliments.

« La boisson du thé est généralement estimée fort salutaire, et avec raison, puisqu'elle » produit beaucoup de bons effets et très peu » de mauvais. On voit des personnes qui » boivent jusqu'à dix ou douze tasses de thé » par jour, sans en ressentir aucune incommodité. Il récrée les esprits, il abat les vapeurs, il ôte le mal de tête, il empêche l'assoupissement, il hâte la digestion, il purifie » le sang et il excite l'urine. La plupart de ses » bons effets proviennent de ses principes volatils, et de plus par quelques particules » absorbantes, que son astriction et sa petite » amertume nous dénotent qu'il contient. Il » purifie la masse du sang, parce qu'il l'entretient dans une juste fluidité, en brisant les » matières grossières qui faisaient obstacle à » son mouvement. Enfin, ses parties huileuses » et balsamiques étant charriées en différens » endroits du corps, absorbent et embarrassent » les sels âcres et picotants qu'elles trouvent à » leur passage. »

Cependant, malgré des qualités si précieuses et aujourd'hui reconnues, malgré l'exemple encourageant que nous en donnent presque tous les peuples d'Europe, de l'Asie et de l'Amérique, la consommation de cette précieuse feuille reste chez nous dans une infériorité déplorable.

Pendant long-temps le thé ne fut regardé en France que comme un médicament, et l'on n'avait recours à son usage qu'au cas de maladie ou d'indisposition. Quels que soient les bienfaits qu'il procurait, alors relégué au fond des pharmacies, promptement altéré par l'absence de tous soins, presque toujours sophistiqué par la cupidité, à cause de l'avantage que procurait le haut prix où on le maintenait, ses éminentes qualités furent presque toujours méconnues et rarement invoquées. Ajoutons qu'au premier pas que cette consommation voulut faire vers le régime alimentaire, elle rencontra un nouvel obstacle longtemps insurmontable. D'un débit presque nul, réservée pour la fortune et le caprice, cette feuille fut taxée d'un bénéfice énorme par des marchands fort peu soucieux de son succès ou des jouissances de leurs acheteurs. On la vit alors vendue à des prix incroyables, deux, trois et quatre fois même sa valeur primitive. Un tel obstacle devait sinon annuler, du moins, retarder considérablement son triomphe. En effet, d'autres habitudes s'étaient formées, le café d'abord a paru se nationaliser parmi nous, et tandis que nos voisins sacrifiaient au thé, nous semblions, nous, par opposition de nationalité, sacrifier au café. Mais des temps plus calmes et plus heureux étant survenus, la civilisation reprit enfin sa marche, et avec de nouveaux hôtes, de nouvelles habitudes se formèrent; ces nouvelles habitudes furent encore développées par un fleau de funeste mémoire. Le choléra, dans son invasion aussi terrible que rapide, trouva un puissant antidote dans l'usage du thé; la peur chez beaucoup, la maladie chez quelques uns, les jouissances chez d'autres firent alors rechercher cette boisson, et la cause passée, l'usage en resta par les bons effets qu'il avait produits; de là, peut-être, le progrès le plus sensible de l'usage du thé parmi nous. Sa consommation plus active, ses bienfaits plus répandus, mieux appréciés excitèrent l'émulation; les marchands, leur intérêt aidant, devinrent connaisseurs; ils furent attentifs aux soins minutieux exigés pour la conservation du thé, et la concurrence, ce puissant levier de l'industrie, amena bientôt des prix plus vrais et plus en harmonie avec les besoins des consommateurs. Ce nouvel état de choses fut un bien, mais il n'est pas complet, et il est temps d'éclairer le consommateur, de guider sûrement son goût, d'en faire enfin ce qu'il doit toujours être, le juge compétent, impartial, impeccable de toutes et en toutes choses.

Ces derniers temps ont vu paraître des traités, des monographies, des instructions sur le thé, qui pouvaient être destinés au public, mais qui assurément ne lui sont ni parvenus ni connus, et dont il n'a pas et ne pouvait profiter: et d'abord : (j'excepte bien certainement le public savant ou scientifique), quelle importance, quelle utilité voulez-vous qu'il trouve dans toutes ces statistiques plus ou moins exactes, dans ces dénominations plus ou moins vraies, mais toujours pour lui fastidieuses; dans ces fables, ingénieuses peut-être, mais pour lui fort peu attrayantes? Croyez-vous conquérir par cette prétentieuse érudition, j'allais dire compilation, beaucoup de consommateurs à la feuille que vous célébrez? à mon avis, non; votre but n'a pu être d'exciter à la culture du thé, en en montrant la manipulation ou les secrets; vous n'avez voulu faire connaître cette précieuse feuille que pour lui trouver des consommateurs, et vous mettez vos enseignements à haut prix, et le public qui ne vous lit guère et qui vous ignore, demeure privé des jouissances que vous lui promettez, et vous du bénéfice que vous en espérez. C'est ainsi que de fausses bases conduisent à des résultats négatifs.

Pour nous, qui ne voulons inculquer aucune science, mais seulement conseiller pour bien choisir, bien préparer, bien consommer la feuille qui nous occupe, nous dirons : n'ajoutez aucune foi, aucune valeur aux grands prix; *si l'exception quelquefois les justifie, la règle les exclut*; presque toujours ils sont un impôt prélevé sur l'ignorance ou la paresse de l'acheteur. Pour le thé, pas de fabrication, pas de manipulation, par conséquent, pas de secrets, pas de perfectionnements, pour tous la même marchandise et pour tous les mêmes prix (1).

DES DIFFÉRENTES SORTES DE THE.

On ne distingue en général que deux sortes de thé : le thé vert et le thé noir. Et encore est-on généralement d'accord pour admettre que c'est le même arbrisseau qui les produit. L'époque de la récolte, les préparations, la torréfaction surtout, paraissent être les seuls moyens de production de toutes les variétés que nous en connaissons. Nous en décrirons ici les principales.

DES THÉS NOIRS.

Thé Pékao.

Sa feuille est allongée, recouverte d'un léger duvet soyeux à l'œil. Il est le plus léger des thés, comme il en est le plus délicat et le plus fin. Son odeur est très-suave, son infusion d'une eau couleur paille et très-claire. Quelque mérite qu'on lui reconnaisse à l'œil, c'est à la tasse seulement qu'il doit être apprécié.

Orange Pékao.

Sa feuille est petite, menue, d'une couleur noire, très-odorante, qualité qu'elle tire d'une aromatisation factice. Cette sorte, très-inférieure à la précédente, s'emploie rarement seule, elle se mélange avec avantage au Souchong ou au Congo.

Congo.

Sa feuille est courte, mince, d'une nuance noire, grisâtre; son infusion active et agréable, d'une consommation restreinte en France, mais fort étendue et appréciée en Angleterre.

Pouchong.

Sa feuille est large, longue, peu roulée, sa nuance d'un brun verdâtre. Son odeur suave, délicate, son infusion légère et d'une eau très-claire. Il s'apporte toujours en paquet de 150 à 300 grammes.

Cette sorte est l'amie des personnes délicates ou énervées.

Souchong.

Sa feuille est grande, d'une couleur brunâtre souvent mêlée d'un peu de violet. Son odeur suave; c'est le plus fort des thés noirs et celui dont la consommation est la plus étendue. Son infusion est d'une eau bien dorée légèrement foncée. Il s'allie parfaitement au Pékao et forme ainsi une excellente boisson.

DES THÉS VERTS.

Thé Chulan.

Son aspect, sa feuille peuvent le faire confondre avec le Hyson de première qualité dont nous parlerons tout à l'heure, mais son parfum l'en distingue essentiellement. Le Chulan est le plus délicat, le plus agréable et le plus aromatique des thés verts.

Thé Hyson.

Sa feuille est longue, entière, bien roulée en spirale, sa couleur d'un vert agentin. Son infusion est d'une eau claire légèrement colorée, un peu âpre au goût; son odeur est agréable.

Thé perlé.

C'est la feuille du Hyson plus jeune et plus

(1) Il est bon de faire connaître ici que tous les thés arrivant en France et même en Angleterre sont goûtés par des préposés *ad hoc* puis classés par série, le plus souvent vendus à la criée, et qu'un dispositif authentique de la vente est rédigé et envoyé à tous ceux qui s'occupent de cet article avec quelque importance. Pour tous alors mêmes indications, mêmes renseignements; et comme généralement les séries ont de l'importance, elles ne sont jamais traitées par des détailleurs, mais bien par des négociants qui les revendent alors aux intermédiaires de la consommation.

fortement roulée; sa couleur est d'un vert argenté assez vif. Son infusion doit être plus longue que celle du Hyson. Ses qualités sont d'être moins âcres que le précédent et plus actif.

Thé poudre à canon.

Ainsi nommé à cause de la grosseur de ses feuilles, fortement roulées en forme de grains. Sa préparation est la même que celle du perlé, seulement il est le produit des plus jeunes feuilles. Son infusion est d'une belle eau et très-active, son goût agréable et assez doux.

Thé Tonkai et Thé Hyson-Skin.

Ces deux sortes sont les plus communes dans les thés qui nous sont apportés, ils sont généralement vendus sous le titre de thés verts; ils servent spécialement à l'expédition en province. Leur qualité est nulle, quant au parfum et à l'agrément du palais.

Telles sont à peu près les seules sortes de thé qui entrent dans la consommation en France et même en Europe. On comprend que nous avons dû épargner au lecteur une plus longue nomenclature, regardant comme fort inutile pour lui les noms de thés d'ailleurs inférieurs qui ne sont ou jamais importés, ou fort accidentellement offerts à sa consommation.

Du mélange des diverses sortes de thé.

Après avoir indiqué les propriétés relatives ou particulières à chaque espèce, nous devons dire au consommateur les mélanges les plus heureux qu'il puisse faire, soit sous le rapport de l'hygiène, soit sous le rapport de la satisfaction du goût.

Pendant aussi longtemps que le thé n'a été considéré que comme un antidote aux cas d'indigestion, on a dû préférer les thés verts aux noirs, mais l'expérience a bien vite démontré les vices de cette habitude. Si les thés verts en cas d'indisposition donnent par leur puissance un agent médical plus actif, cet agent devient nuisible dans le régime alimentaire, et il convient alors de le mitiger par l'addition d'une notable quantité de thés noirs. L'expérience m'a toujours démontré les bons effets qu'on obtenait des compositions suivantes :

Un tiers thé	Souchong.	Chulan	125.
Un tiers	Pékao.	Souchong	125.
Un tiers	Hyson.	Pékao	250.

Sans doute on peut se montrer exigeant et ne vouloir se contenter que du thé Pékao, surtout à cause de l'extrême finesse de son arome et de la légèreté précieuse de son infusion, mais il nous suffira d'avoir indiqué comme base des proportions toujours satisfaisantes. Le consommateur y fera telle addition que la délicatesse de son goût exigera.

Sans vouloir prescrire ici ou imposer en aucune manière notre goût, nous ne pouvons cependant nous dispenser de mentionner un mélange que nous préparons dans les proportions suivantes, qui nous semble réunir les plus parfaites qualités de convenance et d'économie. Ce mélange, qui ne revient qu'au prix de 7 fr. le demi-kilo, ou trois centimes la tasse, se compose de :

Souchong	166 gram.
Pouchong	166
Hyson	168

Nous pourrions indiquer ici une foule d'autres proportions qui n'auraient peut-être que le mérite de jeter l'incertitude dans le choix du consommateur. Nous croyons devoir laisser ce soin à son goût; nous lui avons dit que les thés verts étaient les plus actifs, qu'en santé l'usage en était sinon dangereux, du moins peu avantageux ; nous lui dirons aussi que les thés noirs, au contraire, pris seuls sont toujours agréables; qu'en Hollande, en Angleterre, la médecine les ordonne en état de maladie ou de convalescence, soit comme boisson (tisane), soit comme aliment léger, cependant nutritif, la préparation et les qualités étant bien entendu modifiées suivant les cas.

Sans espérer prochainement pour la feuille qui nous occupe un pareil succès, nous exprimerons cependant le regret que la science n'ait pas encore expérimenté, vérifié par des faits pratiques les vertus, les mérites que presque partout on attribue, on retire de l'usage du thé. Nous savons bien que des analyses chimiques très-consciencieuses ont été faites, que le résultat satisfaisant en a été pupublié, mais pourquoi laisser ces faits dans le domaine de la science, et pourquoi messieurs les médecins ne les vérifient-ils pas dans leur pratique? c'est ainsi qu'ils arriveraient à populariser, s'ils le croyaient vrai toutefois, ce remède à la fois curatif et prophilactique, qui peut recevoir d'eux seuls une impulsion qu'il ne saurait obtenir sans leur concours.

Il nous reste, avant d'indiquer au consommateur les moyens de préparer la boisson dont nous venons de l'entretenir, à répondre un mot à quelques personnes qui nous disent : la France n'augmentera que peu ou pas sa consommation de thés. Ses habitudes, ses goûts la portent vers l'usage du café et du chocolat, et ces deux végétaux, d'ailleurs si précieux, lui suffisent.

Quelque spécieuse que soit cette réflexion, elle ne saurait résister au plus léger examen. Et d'abord :

Le thé peut-il absolument remplacer le chocolat et le café, ou peut-il remplacer l'un ou l'autre?

Poser cette question, c'est la résoudre pour tous ceux qui connaissent l'usage de ces diverses substances. Le thé ne remplacera ni le café, ni le chocolat, mais il les complétera dans une alimentation saine et agréable, et au besoin il les suppléera.

Si le chocolat est préféré comme alimentation plus nutritive, plus balsamique, plus pectorale, le café, à cause de sa vertu principale et toute particulière d'exciter le cerveau, d'égayer l'ame, le thé le sera par son action éminemment diurétique et absorbante.

Loin donc de voir un obstacle à l'usage plus répandu du thé dans l'habitude du café et du chocolat, nous y voyons au contraire un signe certain de faveur, lorsqu'offert au consommateur à un prix normal, il pourra, sans imposer trop de charges au chef, compléter l'alimentation et les jouissances de la famille. Puisse ce résultat être bientôt obtenu et procurer alors à notre commerce, à notre marine, tous les avantages que l'usage plus répandu de cette substance exotique et lointaine amènerait avec lui.

DE LA PRÉPARATION DU THÉ
ET DES VASES PROPRES A SA CONSERVATION.

Il est bon d'observer d'abord que les vases servant à la préparation du thé doivent être spéciaux et ne servir aucunement à d'autres usages ; que les bouilloires destinées à chauffer l'eau devront toujours être pleines lorqu'on les présentera au feu ; qu'on ne saurait être trop scrupuleux pour la qualité de l'eau, c'est-à-dire. n'employer à Paris que de l'eau filtrée, en province de l'eau de rivière, de préférence à celle de sources. L'eau dont on se servira devra toujours être portée à la plus haute ébullition, car du plus ou du moins de chaleur dépend souvent la finesse, le goût, la force d'un bon thé. Cette précaution est d'ailleurs économique, on le comprendra sans explication. Cela dit : on aura soin, au moment de la préparation, de verser de l'eau bouillante dans la théière, de l'y maintenir quelques secondes afin de bien l'échauffer, surtout si la théière est en porcelaine. Après avoir jeté cette eau dans les tasses pour le même motif, on égoutte la théière, on y jette la quantité de thé que l'on veut employer (trois grammes pour une tasse, deux grammes et demi seulement par tasse, si l'on en prépare une plus grande quantité), puis on verse l'eau bouillante jusqu'à concurrence de la moitié ; on laisse infuser cinq à six minutes. Ce temps écoulé, on ajoute la quantité d'eau toujours bouillante qui reste à employer, on laisse infuser de nouveau une ou deux minutes, on place le sucre dans les tasses qui ont été débarassées de l'eau chaude qu'on y avait d'abord versée, on le couvre de cette infusion, on agite et puis on remplit.

Les meilleures théières sont celles dont la matière conserve le mieux le calorique ; celles connues sous le nom de métal anglais paraissent jouir avec raison de la préférence des consommateurs; nous croyons que la base de ce métal est l'étain.

Les vases le plus généralement adoptés pour la conservation du thé en feuilles sont les boîtes en ferblanc, en plomb, ou même en bois doublées de métal.

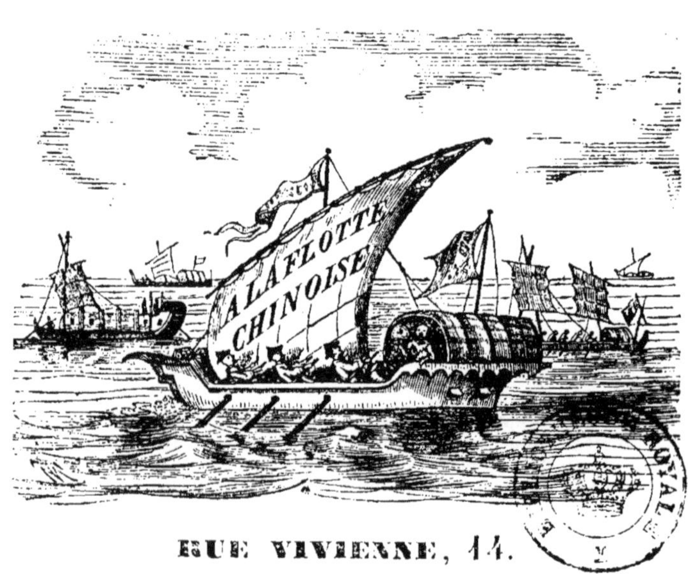

RUE VIVIENNE, 14.

Imprimerie de Wittersheim, rue Montmorency, 8.

CHOCOLATS.

	demi kil. fr. c.		demi kil. fr. c.
1 De Santé au Maragnan. .		1 Pastilles de Santé. . . .	
2 Au pur Caraque.		2 » au Caraque. . .	
3 Les mêmes, vanille, 50 c. en plus.		3 Au Lait d'amandes.	
4 Au Lait d'amandes. . . .		4 Pralines et Pistaches. . .	
5 » d'ânesse.		5 » vanillées.	
6 Ferrugineux.		6 Imitations.	

THÉS.

Hyson.		Congo.	
Chulan.		Souchong.	
Perlé.		Pouchong.	
Impérial.		Pékao orange.	
Poudre à canon.		Pékao pointes blanches. . .	

CAFÉS TORRÉFIÉS ET PILÉS.

EN GRAINS.		PILÉ.	
Martinique.		Martinique.	
Moka.		Moka	

Imprimerie de Wittersheim, 8, rue Montmorency.

www.ingramcontent.com/pod-product-compliance
Ingram Content Group UK Ltd.
Pitfield, Milton Keynes, MK11 3LW, UK
UKHW020542180726
13839UKWH00006B/2675